AI 시대 창의적 글쓰기 1

하루 15분 글쓰기

동화 쓰기_연결과 결합

윤영선 지음

숨쉬는
책공장

윤영선

충북 제천에서 태어나고 자랐어요.
단국대학교대학원에서 문예창작학과 아동문학을 전공하고 문학석사 학위를 받았어요.
《잃어버린 미투리 한 짝》으로 제5회 웅진주니어문학상 장편동화부문에서 대상을 수상했어요.
《국 아홉 동이 밥 아홉 동이》의 '쌀 나오는 바위'는 초등 4학년 2학기 국어활동에 3년 동안 수록되었어요.
지은 책으로는 그림책 《내 말 좀 들어주세요!》, 《괜찮아요, 할머니!》, 《나는 나를 사랑해!》, 《할아버지가 그랬어!》 등이 있고, 저학년 동화는 《수탉이 알을 낳았대》, 《우리 동네 대장 나가신다!》 등이 있어요. 고학년을 위한 책으로는 《마음이 건강해지는 초등글쓰기》, 《글쓰기 대장 나가신다!》, 《국 아홉 동이 밥 아홉 동이》, 《창의성 글쓰기 지도자용/학습자용》, 《장영실과 갈릴레오 갈릴레이》, 《유관순과 잔 다르크》 등이 있어요.
10대를 위한 동화와 소설로 《도대체 공부가 뭐야?》, 《잃어버린 미투리 한 짝》, 《박씨 성을 가진 노비》, 《매월당의 초상화》, 《울림에 울림을 더하여》, 《나는 블랙컨슈머였어!》, 《라희의 소원나무》 등을 썼고,
직업에 관한 논픽션으로 《빅데이터 전문가》, 《프로파일러》를 지었어요.

하루 15분 글쓰기
동화 쓰기_연결과 결합

ⓒ 윤영선, 2025

발행일 초판 1쇄 2025년 12월 5일
지은이 윤영선
편집 김유민
디자인 이진미
펴낸이 김경미
펴낸곳 숨쉬는책공장
등록번호 제2018-000085호
주소 서울시 은평구 갈현로25길 5-10 A동 201호(03324)
전화 070-8833-3170 팩스 02-3144-3109
전자우편 sumbook2014@gmail.com
홈페이지 https://soombook.modoo.at
페이스북 /soombook2014 트위터 @soombook 인스타그램 @soombook2014

값 11,000원 | ISBN 979-11-94161-04-2
잘못된 책은 구입한 서점에서 바꿔 드립니다.
저작권법에 의해 보호를 받는 저작물이므로 무단 전재와 복제를 금합니다.

차례

시리즈 'AI 시대 창의적 글쓰기' 활용법

지은이의 말

1부 그림에 이야기가 들어 있어! (1주, 2주)

2부 등장인물에게 말을 걸어 봐! (3주)

3부 기억에 남는 부분 살피기 (4주)

4부 동화에 뼈대가 들어 있다고? (5주)

부록: 원고지에 동화 쓰기

원고지 쓰는 법

원고지에 '동시' 쓰는 법

시리즈 'AI 시대 창의적 글쓰기' 활용법

AI가 글을 써 주니 더 이상 글쓰기 연습을 할 필요가 없다고요? AI가 쓴 글은 그럴듯해 보여도 사실과 다를 수 있어요. 또 내 생각을 제대로 담지 못하는 경우가 많아요. 내 생각을 설득력 있게 논리적이면서도 재미있게 글로 전달하려면 AI 시대에도 글쓰기 연습은 반드시 필요해요. 또 AI가 쓴 글이 잘 쓰였는지 내용을 확인하기 위해서도 글쓰기 연습은 필요하죠. 글쓰기 연습을 하다 보면 책을 보고 글을 읽는 것도 좀 더 편하게 잘할 수 있어요.

시리즈 'AI 시대 창의적 글쓰기'는 모두 열두 가지 방법으로 글쓰기 연습을 할 수 있게 해요.

1. 동화 쓰기, 2. 과학 논술 쓰기, 3. 일기 쓰기, 4. 고전 문학 쓰기,
5. 역할극 쓰기, 6. 동시 쓰기, 7. 설명문 쓰기, 8. 구체적인 꿈 쓰기,
9. 논설문 쓰기, 10. 독후 활동하기, 11. 신문 활용하기,
12. 역사 활용하기가 그 방법들이에요.

각각의 방법들로 한 달에 한 권씩 글쓰기 활동을 하고 나면 어느새 글쓰기가 어렵지 않고 나만의 창의적이고 독창적인 글을 쓰는 자신을 발견하게 될 거예요.

글쓰기는 꾸준히 성실하게 하는 중요해요.

'글쓰기는 엉덩이로 하는 것'이라는 말 아세요? 이 말을 듣고 까르르 웃는 사람들도 적지 않아요. '어떻게 엉덩이로 글을 쓰지?'라면서요.

글을 쓰려면 먼저 책상 앞 의자에 앉아야 해요. 엉덩이를 의자에 진득하게 붙이고 앉아 글을 쓰기 때문에 의자에 앉는 것부터가 글쓰기의 시작이라 할 수 있어요.

글을 쓰려면 생각을 정리해야 해요. 경험을 떠올리거나, 하고 싶은 이야기를 순서대로 정해요. 글을 뻔하지 않고 새롭게 쓰려면 경험에서 나아간 이야기를 생각해 내고 좀 더 많은 낱말을 떠올려야 해요. 그때 느낀 감정까지 연결해 표현하면 풍부한 이야기를 만들 수 있어요.

글쓰기는 자신의 경험과 생각, 감정을 글로 정리하는 과정이에요. 이 과정에서 경험으로 아는 것과 새롭게 알게 된 내용의 낱말을 연결하고 결합하여 문장을 만들게 되지요. 이때 새로운 생각이나 자신의 의견이 생겨나는데, 그것들을 서로 의미 있게 연결하면 이것이 바로 창의 활동이에요. 그런 의미에서 글쓰기는 자기만의 독특한 생각과 글을 만들어 가는 창의 과정이라 할 수 있지요.

열두 가지 방법들을 가지고 자신의 생각과 글을 만들어 가는 과정을 충분히 즐겨 보세요.

시리즈 'AI 시대 창의적 글쓰기'는 하루, 15분씩 활동을 할 수 있도록 꾸며져 있어요. 너무 어렵게 느껴진다면 처음에는 '예시'의 내용을 따라 써 보는 것도 많은 도움이 되어요.

글쓰기를 하다 보면 분명 달라진 자신의 내면과 창의적으로 변화되는 생각을 느끼게 될 거예요. 열두 가지 방법과 창의적 글쓰기 과정을 통해 생각과 마음을 마음껏 키워 보기를 기대해요.

지은이의 말

동화의 엄마는 옛이야기

동화는 글이 아닌 말로 전해진 옛날이야기가 책으로 만들어지면서 시작되었어. 옛날이야기에 작가의 상상력이 더해져서 동화가 만들어진 거야.

옛날이야기에는 아주 재미있는 이야기, 잘못된 사회를 비판하는 이야기, 판타지처럼 상상력이 풍부한 이야기 등 여러 가지가 있어. 우리나라의 옛날이야기로는 〈금도끼 은도끼〉, 〈혹부리영감〉, 〈토끼와 호랑이 이야기〉, 〈임금님 귀는 당나귀 귀〉 등 아주 많이 있지. 프랑스 작가 샤를 페로가 지은 옛날이야기책 중에 우리가 잘 아는 책으로는 《신데렐라》, 《빨간 모자》, 《미녀와 야수》 등이 있어. 이 책들은 옛날이야기를 바탕으로 다듬어 쓴 동화로 유명해.

세계적으로 인기 있는 덴마크 동화 작가가 있어. 한스 크리스티안 안데르센이야.

안데르센도 옛날이야기를 바탕으로 동화를 지었어. 안데르센의 동화 중에는 동물이 등장하는 우화가 많아. 사회의 잘못된 이야기를 동화로 엮어서 많은 사람이 공감하도록 만들었지.

한국의 첫 창작 동화는 최남선의 〈난잡이가 저잡이〉야. 창작 동화는 옛날이야기를 바탕으로 한 이야기가 아니라 작가가 상상력을 발휘해 새로 쓴 동화지. 이어서 방정환의 《사랑의 선물》, 마해송의 《어머님의 선물》, 이원수의 《숲속의 나라》가 차례로 나왔어.

옛이야기가 동화의 엄마라고 생각하면 동화는 참 오래전부터 시작되었어.

더 많은 아이가 동화를 쓰고 더 많은 어른이 동화를 읽는 세상이 오면 좋겠어. 어른이 아이가 쓴 동화를 보면 아이를 더 많이 이해할 수 있게 될 테니 말이야. 그리고 동화를 쓰면서 글쓰기에 자신감을 얻었으면 해.

모두 동화 쓰기를 즐길 수 있기를 기원할게.

어린이책 작가 윤영선

동화는 아이가 읽고 이해할 수 있게 어른이 쓴 이야기야.

물론 아이가 지은 이야기도 동화라고 하지.

동화는 입에서 입으로 들려주는 옛이야기가 전해 내려오면서

지금 우리가 동화라고 부르는 새로운 형식을 갖추게 되었어.

동화의 시작은 독일의 그림(Grimm) 형제가 입으로 전해지는 이야기를 모아

책《독일 어린이와 가정 동화》를 펴내면서부터 열렸다고 해.

시리즈 1권 '동화 쓰기'에서는 전혀 다른 사물 이름이나 어떤 낱말을 연결하여

글을 쓰는 활동을 해. 서로 관련이 없어 보이지만 연관을 시켰을 때

새로운 것을 만들어 낼 수 있어. 예를 들면 오페라와 팝송이 결합해 팝페라가

되고 짜장면과 스파게티를 결합해 짜파게티가 되는 것처럼 말이야.

그림을 보고 연상되는 낱말을 적고 그 낱말을 보고 새로운 낱말을

떠올려서 적어 봐. 그리고 그 낱말이 들어가도록 내용을

서로 연결해 쓰는 거야. 연결을 잘하게 되면 글을 쓴 자기 스스로도

깜짝 놀랄 만큼 좋은 결과물을 얻게 될 거야.

1부

그림에 이야기가 들어 있어!

 목표 그림을 보고 쓰고 이야기를 떠올린다.
연상하기로 상상력을 기른다.

 활동 그림을 보고 관련된 낱말을 떠올린다.
그림과 낱말을 연결하여 이야기를 쓴다.

그림을 보고 떠오르는 낱말을 적어 보자.

머리에 떠오른 낱말이 있다는 것은 상상을 잘하고 있다는 증거야.

그것은 너만의 생각이니까 아주 소중해.

그림 보고 낱말 떠올려 쓰기

1주 1일 | 15분 활동

다음 <예시>에 적힌 낱말을 읽어 보자. 그림을 보고 내가 생각한 낱말과 얼마나 다른지 살펴보자.

예시

말 가족

📝 **그림 보고 떠오른 낱말 쓰기**

소풍	말 가족	여행	빛	언덕
네 마리	행복	배고프다	호랑이	놀다
신호	내리막길	아기 말	엄마 아빠	걷기
풀밭	바람	비탈길	달리기	시원한

하루 15분 글쓰기 | 동화 쓰기

무엇을 써야 할지 잘 떠오르지 않는다면 예시를 보고 써도 좋아요!

공부한 날   월   일

내가 직접 써 보기!

다음 그림을 보고 <예시>처럼 빈칸에 낱말을 적어 보자. 처음에는 그림에서 보이는 대로 쓰면 돼. 그다음은 상상을 해 봐. 초원을 좋아하는 것은 무엇이 있을까? 초원에는 어떤 동물들이 살고 있을까? 상상하고 낱말을 써 봐. 많은 생각이 떠오를 거야.

초원

그림 보고 떠오른 낱말 쓰기

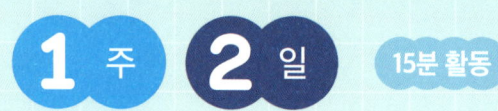 **15분 활동**

제목, 시작하는 이야기

이번에는 내가 쓸 이야기의 제목을 써 보는 거야. 동화를 쓰는 첫 번째 과정이지. 지은이 부분에는 자신의 이름을 쓰자. 작가가 된 기분이 들 거야.

예시

📝 제목, 지은이 쓰기

제목	달리는 말 가족
지은이	홍나리

말 가족은 왜 언덕으로 갔을까? 내가 생각하고 상상한 이야기를 쓰면 돼. '이게 말이 되나?' 하는 생각을 했다면 기발하고 독특한 생각을 해 낸 거야. 하지만 무조건 엉뚱하게 이야기를 쓰면 곤란해. 사람들이 무슨 이야기인지 알 수 없을 테니까. 읽는 사람들이 이야기의 내용을 이해할 수 있도록 써야 해.

📝 시작하는 이야기 쓰기

말 가족은 언덕을 내려가고 있었다.

"오늘은 어디에 가 볼까?"

아빠 말이 말했다.

"오늘은 바람도 시원하고 날씨가 좋으니까 소풍을 가는 건 어때?"

엄마 말이 말했다.

"좋아!"

아이 말과 아빠 말이 합창하듯 대답했다.

무엇을 써야 할지 잘 떠오르지 않는다면 예시를 보고 써도 좋아요!

공부한 날   월   일

내가 직접 써 보기!

제목은 이야기의 중심이라고 할 수 있어. 글의 주제가 되고 핵심이 되는 거지. 제목을 정하는 것은 무엇을 쓸지 고민하는 것과도 같아. 제목은 이야기를 쓰기 전에 정할 수도 있고 이야기를 다 쓴 다음 지을 수도 있어. 글을 다 쓰고 난 뒤 처음 생각했던 제목을 바꿀 수도 있지. 지은이 부분에는 자신의 이름을 쓰자.

📝 제목, 지은이 쓰기

제목

지은이

앞에서 <초원> 그림을 보고 적은 낱말을 넣어서 짧은 글을 써 보자. 내가 직접 겪은 이야기를 일기처럼 써도 돼. 겪은 이야기에 상상을 더하면 새로운 이야기가 만들어져. 경험과 상상이 만나는 거지. 글을 쓰려면 많은 생각을 하니까 글을 쓰다 보면 생각하는 힘이 길러져.

📝 시작하는 이야기 쓰기

사건, 일어난 이야기

말 가족은 어디로 가고 있을까? 어떤 일이 벌어졌을까? 가다가 냇물을 마실까? 맹수에게 쫓기지는 않을까? 여러 가지로 상상한 것을 글로 써 보자.

예시 ✏️ **사건, 일어난 이야기 쓰기**

말 가족은 푸른 풀밭에 도착했다.

신선한 풀을 마음껏 먹으며 넓은 초원을 뛰어다녔다.

그때 어디선가 호랑이가 나타났다.

말 가족은 깜짝 놀라 정신없이 도망치기 시작했다.

엄마 아빠 말은 아이 말이 다치지 않도록 보호했다.

한참을 달리다 보니 호랑이는 쫓아오지 않았다. 정말 다행이었다.

말 가족은 집으로 돌아와 휴, 숨을 내쉬었다.

무엇을 써야 할지 잘 떠오르지 않는다면 예시를 보고 써도 좋아요!

공부한 날   월   일

내가 직접 써 보기!

초원에서 어떤 일이 벌어졌을까? 여러 가지로 상상해 보자. 글쓰기를 할 때에는 내가 경험한 것을 써 보는 것도 좋아. 경험한 내용에 상상을 더해 쓰는 것은 가장 좋은 방법이야. 그림과 내가 적은 낱말을 보고 이어 갈 이야기를 생각하고 써 보자.

📝 사건, 일어난 이야기 쓰기

마무리, 끝맺는 이야기

말 가족은 행복한 소풍을 마치고 집으로 돌아왔을까? 만약 말 가족이 집으로 돌아오지 못했다면 무슨 일이 생겼을까? 상상해서 써 보자.

예시

날은 점점 어두워졌다. 말 가족은 따뜻한 잠자리에 들었다.

호랑이를 만나서 힘들었지만 재미있는 하루였다.

호랑이를 만나지 않았다면 더 좋았겠지만 무사히 집으로 돌아와서 다행이었다.

말 가족은 집이 편안하고 안전해서 푹 잠을 잘 수 있었다.

무엇을 써야 할지 잘 떠오르지 않는다면 예시를 보고 써도 좋아요!

공부한 날   월   일

내가 직접 써 보기!

이야기를 마무리하는 부분이야. 끝맺는 이야기로 써 보자. 행복하게 끝나거나 사건이 해결되지 않은 상태로 끝날 수도 있어. 어떤 방법이든지 다 괜찮아. 쓰고 싶은 것을 쓰면 되는데 맺는 이야기로 써 보자.

📝 **마무리, 끝맺는 이야기 쓰기**

마무리

- 내가 쓴 이야기를 친구나 가족에게 읽어 주자.
- 같은 그림을 보고 친구가 쓴 이야기는 어떻게 다른지 살펴보자.
- 비슷한 점은 무엇인지 찾아보자.
- 친구가 쓴 글에 대한 좋은 점을 이야기해 보자.

1부 그림에 이야기가 들어 있어!

그림 보고 낱말 떠올려 쓰기

2주 1일 15분 활동

겨울 풍경을 담은 그림이야. 겨울을 생각하면 어떤 게 떠오르니? 경험한 이야기를 떠올려서 기억나는 낱말을 쓰는 것도 좋은 방법이야. 이런저런 여러 가지 상상을 하면 생각하는 힘이 길러져. 읽은 책 가운데 겨울과 관련된 책에 나오는 등장인물을 적어도 돼.

예시

겨울 이야기

✏️ **그림 보고 떠오른 낱말 쓰기**

집	언덕	문	눈사람	시간
가로등	아이들	사탕	엄마 아빠	맥스
눈오리	눈싸움	아이 세 명	창문	눈사람 이름
눈	겨울왕국	발자국	눈의 여왕	장갑

무엇을 써야 할지 잘 떠오르지 않는다면 예시를 보고 써도 좋아요!

공부한 날   월   일

내가 직접 써 보기!

여러 가지 상상을 해 보자. 상상을 하면 생각하는 힘이 길러진다고 한 것 기억하지? 상상한 것을 글로 쓰면 상상이 보이게 돼. 겨울 풍경 그림을 보고 알맞은 낱말을 적어 보자. 겨울과 관련한 책을 읽고 생각나는 등장인물이나 낱말을 써도 좋아. 낱말과 낱말을 합쳐서 새로운 낱말을 생각해 내도 좋지.

겨울 이야기

✏️ **그림 보고 떠오른 낱말 쓰기**

제목, 시작하는 이야기

그림 보고 낱말을 적은 활동 생각나지? 이번 주제는 '겨울'이야. 빙판에 미끄러진 일, 눈싸움한 일, 스키 타러 간 일 등 겨울에 경험한 이야기가 몇 개는 있을 거야. 그 가운데 하나를 가지고 내가 쓸 이야기 제목을 먼저 정해 보자. 지은이는 자기 이름을 쓰도록 해.

예시 📝 **제목, 지은이 쓰기**

제목	언덕 위의 집
지은이	홍길동

언덕 위의 눈 덮인 집에는 어떤 사람들이 살고 있을까? 아이들이 아주 많은 집이라고 상상해도 좋아. 스키 타러 온 가족들이 묵는 숙소라고 생각해도 좋지. 동화를 쓸 때에는 경험과 상상을 덧붙여서 쓰면 훨씬 생생하게 표현할 수 있어. 대화체에는 '쌍따옴표'를 사용하면 돼.

📝 **시작하는 이야기 쓰기**

눈이 쌓인 언덕에 큰 집이 한 채 있다. 그 집에는 엄마, 아빠, 아이 세 명이

살고 있다. 집의 출입문은 엄청나게 크고 창문이 다섯 개나 있는 큰 집이다.

"와! 눈이다! 나가서 놀자!"

가장 큰 언니가 말했다. 아이 세 명은 밖으로 나갔다.

무엇을 써야 할지 잘 떠오르지 않는다면 예시를 보고 써도 좋아요!

공부한 날   월   일

내가 직접 써 보기!

<예시>를 읽어 보니 어떤 이야기를 쓰고 싶다는 생각이 들었다고? 그럼, 작가의 소질이 충분한 거야. 내가 쓸 이야기의 제목을 먼저 정해 보자. 제목은 쓸 이야기의 주제가 된다고 했어. 지은이는 자기 이름을 쓰는 거야.

 **제목, 지은이 쓰기**

제목

지은이

 **시작하는 이야기 쓰기**

사건, 일어난 이야기

눈 내린 날, 어떤 놀이를 할 수 있을까? 나는 어떤 놀이를 경험했는지 생각해 보자. 친구들, 형제, 자매와 눈싸움을 했는지 떠올려 보자. 창문에서 눈 내리는 것을 보기만 했을까? 눈사람을 만들었을까? 경험한 이야기나 떠오르는 생각을 써 보는 거야.

예시 **사건, 일어난 이야기 쓰기**

눈을 뭉치고 굴려서 눈사람을 만들었다.

"이 눈사람 이름은 맥스야!"

막내가 말했다.

"왜 맥스야?"

둘째가 물었다.

"몰라. 그냥 맥스야!"

막내가 대답했다.

"그래. 맥스라고 하자!"

둘째가 말했다.

"엄마, 아빠!"

막내가 크게 소리쳤다. 그러자 엄마 아빠가 밖으로 나왔다.

"저것은 커다란 사탕인가요?"

막내가 가로등을 보고 물었다.

무엇을 써야 할지 잘 떠오르지 않는다면 예시를 보고 써도 좋아요!

공부한 날   월   일

내가 직접 써 보기!

눈이 와서 가족들이 스키를 타러 간다고? 리프트를 탈 거라고? 누구나 자기만의 생각이나 경험이 있어. 눈과 관련한 자기만의 생각이나 경험을 써 보자. 대화체로 풀어도 좋지. 경험한 이야기에 상상을 더하면 동화가 되는 거야.

📝 사건, 일어난 이야기 쓰기

마무리, 끝맺는 이야기

이야기를 마무리하는 단계야. 주인공은 즐거운 시간을 보냈을까? 힘든 경험이 있었을까? 글이 끝나는 분위기가 나도록 써 보자.

예시

그러자 엄마 아빠가 큰 소리로 웃었다.

"그래. 커다란 사탕 같은 가로등이야!"

엄마가 설명해 주었다.

막내는 머쓱해하며 피식 웃었다. 그때 큰언니가 눈을 뭉쳐 둘째에게 던지며

눈싸움을 걸었다. 둘째는 빙그레 웃더니 눈을 뭉치기 시작했다.

"덤벼라!"

둘째가 눈뭉치를 힘껏 던지며 소리쳤다.

무엇을 써야 할지 잘 떠오르지 않는다면 예시를 보고 써도 좋아요!

공부한 날   월   일

내가 직접 써 보기!

눈이 내리면 어때? 놀이가 먼저 생각난다고? 스키 타다가 넘어진 일이 생각난다고? 좋아. 그런 이야기를 써도 돼. 마무리 단계니까 끝나는 분위기로 쓰면 돼.

📝 **마무리, 끝맺는 이야기 쓰기**

마무리

- 내가 쓴 이야기를 친구나 가족에게 읽어 주자.
- 같은 그림을 보고 친구가 쓴 이야기는 어떻게 다른지 살펴보자.
- 비슷한 점은 무엇인지 찾아보자.
- 친구가 쓴 글에 대한 좋은 점을 이야기해 보자.

1부 그림에 이야기가 들어 있어!

동화에는 등장인물이 있어. 영화나 드라마도 마찬가지야.

작품에 나오는 등장인물은 중요한 역할을 하지.

등장인물들이 이야기를 이끌어 가니까.

등장인물들이 어떤 성격을 지녔는지,

무엇을 원하는지 알면 동화를 쉽게 이해할 수 있어.

등장인물에게 말을 걸어 본 적이 있니?

등장인물이나 어떤 인물을 상상으로 정해 질문하고

또 대답을 하면 서로 대화하는 느낌이 들 거야.

2부

등장인물에게 말을 걸어 봐!

목표 등장인물의 성격을 정한다. 등장인물들이 서로 질문하고 대답하는 글을 쓴다.

활동 세밀하고 자세한 질문을 쓰고 대답을 쓴다.

등장인물은 책 속에 나오는 사람이야. 등장인물에게 말을 걸려면 어떻게 하면 될까?
상상을 해 질문을 하는 거야. 또 상상해서 그 질문에 대답을 하는 거지.
질문을 쓰고 대답을 쓸 때에는 내가 아는 것을 최대한 모두 모아 자세하게 쓰는 게 중요해.

3주 1일 15분 활동

등장인물과 연결된 중요한 낱말

마음에 드는 동화를 읽고 등장인물에게 말을 걸고 대답하는 상상을 해 봐. 나도 몰랐던 내 생각을 알게 돼. 질문하고 대답하는 것은 나 자신이니까 그게 바로 내 생각이고 내 상상이야. 동화를 쓰고 싶은데 왜 등장인물에게 말을 거냐고? 상상하는 연습을 하는 거지. 상상을 하면 이야기를 여러 가지로 더욱 풍성하게 쓸 수 있거든. 아주 신나는 경험이 될 거야.

예시

📝 읽은 책 제목과 지은이 이름 쓰기

제목	울림에 울림을 더하여
지은이	윤영선

책을 읽으면 중요한 낱말을 알게 돼. 그것을 핵심 낱말이라고 하지. 핵심 낱말은 작가가 하고 싶은 이야기 주제와 연결돼. 다음 빈칸에 중요하다고 생각되는 낱말을 찾아 써 보자.

📝 읽은 책에 나오는 중요한 낱말 찾아 쓰기

지휘자   합창   울림   음악 천재   주인공

무엇을 써야 할지 잘 떠오르지 않는다면 예시를 보고 써도 좋아요!

공부한 날   월   일

내가 직접 써 보기!

등장인물에게 말을 걸어 보는 활동을 한다고 했지? 먼저 읽은 책 제목과 지은이(작가) 이름을 적어 보자.

📝 **읽은 책 제목과 지은이 이름 쓰기**

제목

지은이

읽은 책 중에서 중요하다고 생각되는 낱말을 찾아 적어 보자. 핵심 낱말을 찾는 활동이야. 주제나 등장인물과 연결된 낱말은 무엇인지 생각하고 찾아 쓰면 돼.

📝 **읽은 책에 나오는 중요한 낱말 찾아 쓰기**

3주 2일 15분 활동

기억에 남는 사건과 이유

책을 읽었을 때 기억에 남는 사건이나 중요하다고 생각되는 부분이 있을 거야. 그것을 찾아 쓰고 중요하다고 생각한 이유를 써 보자. 이 활동을 하고 나면 이야기가 진행되는 사건을 써 나갈 수 있게 될 거야.

예시 기억에 남는 사건과 이유 쓰기

> 세영이가 병원에 실려 간 것이 기억에 남는다.
>
> 왜냐하면 정신을 잃을 정도로 아프면 얼마큼 아플까?
>
> 나는 상상이 안 되기 때문이다.
>
> 합창사관학교라는 말이 기억에 남는다.
>
> 왜냐하면 학교 안에 학교가 또 있는 것이기 때문이다.

무엇을 써야 할지 잘 떠오르지 않는다면 예시를 보고 써도 좋아요!

공부한 날   월   일

내가 직접 써 보기!

기억에 남는 내용이 없다고? 생각이 안 난다고? 그렇다면 읽은 책을 다시 펼쳐 봐. 이 활동을 하면 중요한 사건이나 등장인물의 성격을 알게 돼. 기억에 남는 내용이나 등장인물의 활동을 적고 이유를 써 보자. 이유를 쓸 때는 '왜냐하면'으로 시작하고 '때문이다'로 끝나게 쓰자. 둘은 짝꿍이거든.

📝 **기억에 남는 사건과 이유 쓰기**

3주 3일 15분 활동

등장인물에게 말 걸고 대답 쓰기

등장인물에게 궁금한 것을 질문해 보자. 마음껏 상상할 좋은 기회가 온 거야. 질문거리가 생각나지 않는다면 책 내용을 기억해 봐. 질문을 하려고 생각하다 보면 등장인물이 어떤 성격인지 더 잘 알게 될 거야.

예시 등장인물에게 한 질문과 대답 쓰기

질문1 지휘자님, 왜 목 관리도 실력이라고 하셨어요?

대답 노래할 때 목소리가 무척 중요하기 때문이야.

질문2 세영아, 왜 다른 모둠이 부러웠니?

대답 자신보다 어린 4학년 승휘가 연습을 챙겨 주었기 때문이야.

질문3 세영아, 지휘자가 '아, 어쩐 일로 어머님께서'라고 말했을 때 어떻게 이해해서 들었니?

대답 엄마가 오셔서 신경 쓰인다는 말 같이 들렸어.

무엇을 써야 할지 잘 떠오르지 않는다면 예시를 보고 써도 좋아요!

공부한 날   월   일

내가 직접 써 보기!

등장인물에게 말을 걸어 보자. 궁금한 것을 질문하고 상상으로 대답을 쓰는 거야. 이 활동은 동화 쓰기를 할 때 내용을 대화체로 꾸밀 수 있는 좋은 방법이야.

📝 등장인물에게 한 질문과 대답 쓰기

질문1

대답

질문2

대답

질문3

대답

2부 등장인물에게 말을 걸어 봐!

3주 4일 15분 활동

엉뚱하게 묻고 대답 쓰기

등장인물에게 엉뚱한 질문을 해 보자. 정확하게 말하면 책에 대답의 내용이 나오지 않는 좀 더 새로운 질문을 해 보는 거야.

예시

질문1 지휘자님, 합창대회 때는 어떻게 노래해야 하나요?

대답 연습처럼 편안하게 하는 게 좋죠.

질문2 지휘자님, 노래 부를 때 소리를 지르면 몇 데시벨(db)이 될까요?

대답 약 300데시벨 이상 될 거예요.

데시벨(db)이란?
소리의 크기를
나타내는 말

질문3 지휘자님, 합창을 하는 것은 왜 중요할까요?

대답 다른 사람의 소리를 배려하고 서로 맞추려는 노력을 하기 때문입니다.

무엇을 써야 할지 잘 떠오르지 않는다면 예시를 보고 써도 좋아요!

| 공부한 날 | 월 | 일 |

내가 직접 써 보기!

등장인물에게 질문하고 그 질문에 대한 대답도 써 보자. 직접 상상해서 쓰는 거지. 이 활동은 동화를 쓸 때 대화로 꾸며 사용할 수 있어. 동화에서 등장인물의 대화는 이야기에 담고 싶은 중요한 내용이나 어려운 내용을 쉽게 풀기 위해 사용해.

✏️ 등장인물에게 묻고 대답 쓰기

질문1

대답

질문2

대답

질문3

대답

 마무리

- 내가 만든 질문과 대답을 친구와 서로 번갈아 가면서 읽어 보자.
- 친구와 같은 책을 읽고 질문과 대답을 만들었다면 친구와 다른 부분과 같은 부분이 있는지 찾아보자.
- 질문이 같아도 대답은 다를 수 있어. 각자 다르게 생각할 수 있으니까.
- 질문과 대답을 만든 이유에 대해서도 함께 이야기 나눠 보자.

2부 등장인물에게 말을 걸어봐!

책을 읽고 기억에 남는 부분은 무엇일까?

같은 책을 읽어도 사람들마다 기억에 남는 부분은 다를 수 있어.

각자 생각과 느낌이 다르니까.

책에서 만난 등장인물과 내가 비슷한 점과 다른 점,

같은 점을 찾아보자. 나와 등장인물을 연결 지어 보는 거야.

어떤 것과 어떤 것을 연결 지어 보면 새로운 상상을 하게 돼.

또 상상을 하면 또 다른 상상을 하게 되면서

이야기가 꼬리를 물듯 자꾸 생겨나.

어떤 것에 얽매이지 않고 자유롭게 생각하는 것이 중요해.

3부

기억에 남는 부분 살피기

목표 등장인물의 감정을 느낄 수 있다.

활동 관심 있는 부분이나 등장인물에게 관심이 가는 부분을 쓰고 이유를 쓴다. 중요하다고 생각되는 부분이나 감동을 느낀 부분을 쓰고 그 이유를 적는다.

같은 동화책을 읽어도 읽는 사람마다 느끼는 감정이 다를 수 있어.
특히 각자 관심이 쏠리는 부분이 있지. 관심이 가는 곳은 스스로 중요하다고 생각하는 부분이기도 해.
남들과 다른 감정을 느낀다거나 다른 내용이 기억난다고 해서 틀린 게 아니야.
나는 어떤 부분이 기억이 남는지 생각해 보자.

기억에 남는 부분

책을 읽고 기억에 남는 부분은 등장인물들의 대화 내용일 수도 있고 책 속에서 벌어진 일일 수도 있어. 벌어진 일이 바로 사건이지. 기억에 남는 이유를 쓸 때는 '왜냐하면'으로 시작해서 '때문이다'로 끝나게 써 보자. 딱히 기억에 남는 부분이 없을 때에는 기억하면 좋겠다 싶은 내용을 찾아 쓰면 돼.

예시 📝 **읽은 책 제목과 지은이 쓰기**

제목	유관순과 잔 다르크
지은이	윤영선

📝 **기억에 남는 부분과 이유 쓰기**

기억에 남는 부분1: 유관순이 서울로 유학을 간 것이 기억에 남는다.

이유: 왜냐하면 유학은 외국으로만 가는 것이라 생각했기 때문이다.

기억에 남는 부분2: 잔 다르크가 양치는 모습이 기억에 남는다.

이유: 왜냐하면 혼자 양을 칠 때 늑대가 나타났기 때문이다.

무엇을 써야 할지 잘 떠오르지 않는다면 예시를 보고 써도 좋아요!

공부한 날   월   일

내가 직접 써 보기!

상상할 준비가 되었다면 읽은 책에서 기억에 남는 부분을 찾고 이유를 써 보자. 이유를 생각하면 쓰고 싶은 이야기가 훨씬 분명하고 확실해져. 그러면 글쓰기가 훨씬 재미있지.

📝 읽은 책 제목과 지은이 쓰기

제목

지은이

📝 기억에 남는 부분과 이유 쓰기

기억에 남는 부분1:

이유: 왜냐하면   때문이다.

기억에 남는 부분2:

이유: 왜냐하면   때문이다.

3부 기억에 남는 부분 살피기

4주 2일 15분 활동

연결되는 새로운 낱말 찾아내기

읽은 책에서 핵심 낱말을 찾아 빈칸에 쓰자. 아래의 1번과 2번은 책 《유관순과 잔 다르크》에서 찾은 낱말이야. 두 낱말을 보고 생각나는 새로운 낱말을 1번과 2번 아래 칸 3번에 써 보자. 이것은 상상을 하고 또 상상을 더 이어 가는 활동 방법이야.

예시 새로운 낱말 찾아내기

1. 아우내 장터   2. 만세   1. 부하   2. 전쟁

         3. 독립   3. 승리

마음이 뭉클하거나 등장인물에게 신경이 쓰이는 부분이나 감동을 느낀 부분을 쓰고 그 이유를 써 보자. 이유를 설명할 때는 '왜냐하면'으로 시작해서 '때문이다'로 끝나게 쓰자.

 감동받은 부분과 이유 쓰기

감동받은 부분1: 유관순이 아우내 장터에서 만세를 부른 장면이 감동적이다.

이유: 왜냐하면 일본군과 맞서서 아우내 사람들과 만세를 불렀기 때문이다.

감동받은 부분2: 부하들이 "대장은 언제 피하는 겁니까?"라고 묻는 부분이 감동적이다.

이유: 왜냐하면 부하들도 잔 다르크를 생각하고 걱정했기 때문이다.

무엇을 써야 할지 잘 떠오르지 않는다면 예시를 보고 써도 좋아요!

공부한 날   월   일

내가 직접 써 보기!

읽은 책에서 두 낱말을 찾아 적어 보자. 두 낱말을 보고 새로운 낱말을 떠올려 두 낱말 아래에 써 보자. 새로운 낱말이 생겨났거나 책 속의 이야기 중 연결되는 낱말을 찾아 적어도 좋아. 그 낱말들이 이야기의 핵심이 될 거야.

📝 새로운 낱말 찾아내기

1.   2.   1.   2.

3.   3.

읽은 책 중에 감동적인 부분을 쓰고 이유를 적어 보자. 등장인물에게 마음이 쓰였다면 그 이유를 설명해도 좋아.

📝 감동받은 부분과 이유 쓰기

감동받은 부분1:

이유: 왜냐하면   때문이다.

감동받은 부분2:

이유: 왜냐하면   때문이다.

3부 기억에 남는 부분 살피기

핵심 낱말 찾기

읽은 책에서 핵심 낱말을 찾아 써 보자. 핵심 낱말을 찾으면 주제를 찾을 수 있어. 핵심 낱말들을 찾고 그것들을 종합해 이야기를 간단하게 정리하면 줄거리 쓰기도 쉬워져.

예시 📝 핵심 낱말 찾아내기

도와준 사람   공부   추천서   어머니   죄

읽은 책에서 내가 관심 있는 부분을 쓰고 이유를 적어 보자. 이유를 쓸 때 '왜냐하면'으로 시작해서 '때문이다'로 써 보자.

📝 관심 있는 부분과 이유 쓰기

관심 있는 부분1: 유관순을 도와준 사람 중 엘리스 샤프에게 대해 관심이 있다.

이유: 왜냐하면 유관순이 서울에서 공부하도록 추천서도 써 주고 도왔기 때문이다.

관심 있는 부분2: 잔 다르크의 어머니, 이자벨 로메에게 관심이 있다.

이유: 왜냐하면 잔 다르크에게 죄가 없다며 끝까지 포기하지 않았기 때문이다.

무엇을 써야 할지 잘 떠오르지 않는다면 예시를 보고 써도 좋아요!

공부한 날   월   일

내가 직접 써 보기!

읽은 책에서 핵심 낱말을 찾아 적어 보자. 핵심 낱말은 이야기의 주제와 연결되는 중요한 낱말이라고 했지? 어떤 것이 중요한 낱말일까? 읽은 책을 들추어 보며 찾아 써 보자.

 핵심 낱말 찾아내기

읽은 책에서 관심 있는 부분을 쓰고 이유를 써 보자. 이유를 쓸 때는 '왜냐하면'으로 시작해서 ' 때문이다'로 끝나게 쓰자.

 관심 있는 분분과 이유 쓰기

관심 있는 부분1:

이유: 왜냐하면   때문이다.

관심 있는 부분2:

이유: 왜냐하면   때문이다.

3부 기억에 남는 부분 살피기

4주 4일 15분 활동

등장인물 성격 찾아 쓰기

등장인물의 성격은 어떻게 찾아낼까? 책을 읽을 때 등장인물이 어떤 성격인지 생각하며 읽으면 좀 더 쉽게 찾을 수 있어. 하지만 책에는 등장인물의 성격이 어떠어떠하다고 직접적으로 설명된 부분은 거의 없어. 등장인물의 행동, 말을 살펴보면 말이 많은지, 겁이 많은지, 친구들과 놀기를 좋아하는지 등 성격이 나타나기도 해.

예시

📝 **성격을 드러내는 중요한 낱말 찾아내기**

적극적   긍정적   착한   열정   참는

이제 등장인물의 성격을 찾을 수 있겠지? 등장인물의 성격이 어떻다고 생각한 이유를 쓰다 보면 다른 사람도 나와 같이 생각하도록 설득하는 힘을 기를 수 있어. 내가 쓴 글을 통해 다른 사람을 설득할 수 있어야 그 글이 흥미롭게 전해질 수 있지.

📝 **등장인물 성격과 이유 쓰기**

등장인물1 성격: 유관순은 나라를 위해서는 물불 안 가리는 성격이다.

이유: 왜냐하면 학교에서 만세운동에 가지 말라고 했는데 담을 넘고 갔기 때문이다.

등장인물2 성격: 잔 다르크는 나라를 위해 목숨을 아끼지 않는 성격이다.

이유: 왜냐하면 하늘 음성만 듣고 전장에 나가 잉글랜드군을 물리쳤기 때문이다.

무엇을 써야 할지 잘 떠오르지 않는다면 예시를 보고 써도 좋아요!

공부한 날   월   일

내가 직접 써 보기!

 성격을 드러내는 중요한 낱말 찾아내기

등장인물의 성격은 나 스스로 이런 성격이라고 생각한 것을 쓰면 돼. '이게 정답!' 이런 것은 없어. 내 생각을 쓰고 이유를 설명할 수 있으면 되는 거야.

 관심 있는 부분과 이유 쓰기

등장인물1 성격:

이유: 왜냐하면   때문이다.

등장인물2 성격:

이유: 왜냐하면   때문이다.

○ 친구에게 내가 쓴 글을 읽어 주자.
○ 감동적인 부분, 기억에 남는 부분에 대해 이야기 나눠 보자. 어렵거나 재미있는 부분은 무엇이었는지 말해 보자.
○ 이야기를 나누며 서로 다른 점과 비슷한 점은 무엇인지 살펴보자.

3부 기억에 남는 부분 살피기

아주 오래전에 4학년 학생을 만난 적이 있었어.

글쓰기를 할 때 이런 부분은 이렇게 쓰고

저런 부분은 저렇게 쓰는 것이 좋다고 설명했지.

그러면서 이야기의 뼈대를 잡는 방법을 설명하고

'열 줄 정도 써 보자!'라고 했더니 그 학생이 '열 줄만 쓰면 되지요?'라고

하더니 냅다 써 내려가기 시작했어. '잠깐 멈춰 줘!'라고 말했지만

아랑곳하지 않았어. 지우고 다시 쓰기도 어려운 상황이 되었고

처음부터 다시 쓰기도 힘들어진 거야.

동화를 쓸 때에는 무턱대고 쓰기 시작하는 것보다

등장인물, 성격, 사는 곳, 가족관계 등 여러 가지를 생각하고

이야기의 뼈대를 짜는 게 좋아. 건물을 지을 때처럼 이야기를 시작하는

기초공사를 튼튼히 하는 것이지.

4부

동화에 뼈대가 들어 있다고?

목표 이야기의 기본 구조가 '뼈대'라는 것을 안다.
뼈대는 사건 위주로 작성한다.

활동 읽은 책의 각 꼭지마다 내용을 요약한다.
요약 내용은 번호를 붙여 순서를 정한다.

동화를 쓸 때에는 글쓰기 형식과 이야기의 상황에 맞게 써야 해.
등장인물의 나이, 성격, 사는 곳, 가족관계 등을 생각하면서
이야기 흐름의 뼈대를 먼저 짜야 하지.

5주 1일 15분 활동

소제목에서 핵심 내용 찾기1

예시 📝 책 제목과 지은이 쓰기

제목	장영실과 갈릴레오 갈릴레이
지은이	윤영선, 김슬옹

읽은 책의 소제목 중에서 중요한 낱말을 찾아 빈칸에 적어 보자.

📝 소제목에서 중요한 낱말 찾아 쓰기

| 장영실 | 갈릴레오 갈릴레이 | 노비 | 음악가의 아들 | 발명 |

읽은 책에서 무슨 일이 벌어졌는지 사건을 찾아 써 보자. 사건을 간단하게 적다 보면 뼈대 잡는 연습이 되지. 차례를 먼저 읽어 보면 제목이 있어. 차례에 나온 제목들이 소제목이야. 소제목 1부터 3까지에서 핵심 내용을 찾아 쓰면 뼈대가 되는 거지.

📝 소제목에서 핵심 내용 찾아 쓰기 1~3

1. 장영실은 노비로 태어났고 갈릴레오 갈릴레이는 음악가의 아들로 태어났다.

2. 갈릴레이는 낙하 실험으로 새로운 것을 발명했다.

3. 장영실은 축우기를 발명했고 갈릴레이는 맥박계를 발명했다.

무엇을 써야 할지 잘 떠오르지 않는다면 예시를 보고 써도 좋아요!

공부한 날   월   일

내가 직접 써 보기!

📝 **책 제목과 지은이 쓰기**

제목

지은이

읽은 책의 소제목 중에서 중요한 낱말을 찾아 빈칸에 적어 보자.

📝 **소제목에서 중요한 낱말 찾아 쓰기**

소제목이 달린 글의 내용을 '꼭지'라고도 불러. 소제목 1부터 3까지의 각 꼭지에서 무슨 일이 일어났는지 내용을 살피며 사건을 찾아 쓰면 돼.

📝 **소제목에서 핵심 내용 찾아 쓰기 1~3**

1.

2.

3.

4부 동화에 뼈대가 들어 있다고?

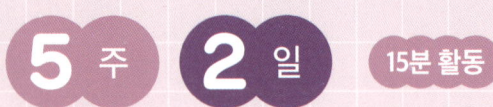

소제목에서 핵심 내용 찾기2

앞에서 소제목 1에서 3까지 핵심 내용을 찾았다면 이번에는 소제목 4부터 핵심 낱말을 찾아 적어 보자.

예시 ✏️ 소제목에서 중요한 낱말 찾아 쓰기

| 시계 발명 | 별 | 도와준 사람 | 시련 | 과학 |

소제목 4부터 느껴지는 핵심 내용을 차례로 써 보자. 뼈대 잡을 때에는 사건의 내용을 한 줄로 쓰는 것을 꼭 기억해.

✏️ 소제목에서 핵심 내용 찾아 쓰기 4~6

4. 장영실은 자격루를 발명했다. 자격루는 자동 물시계이다.

5. 장영실은 혼천의를 만들었고 갈릴레오 갈릴레이는 망원경을 만들었다.

6. 장영실은 세종이 도와주었고 갈릴레오 갈릴레이는 아버지가 도와주었다.

무엇을 써야 할지 잘 떠오르지 않는다면 예시를 보고 써도 좋아요!

공부한 날   월   일

내가 직접 써 보기!

소제목 4부터 핵심 낱말을 찾아 써 보자.

 소제목에서 중요한 낱말 찾아 쓰기

벌어진 일이 무엇인지 한 줄로 간단하게 써 보자. 사건이 생겼을 때 등장인물 중에는 사건을 해결하는 사람도 있고 사건 해결을 방해하는 사람도 있을 거야. 이렇게 이야기에서 일어날 사건의 내용을 한 줄씩 차례차례 적으면 이야기의 뼈대가 만들어져.

소제목에서 핵심 내용 찾아 쓰기 4~6

4.

5.

6.

마무리

○ 뼈대를 세워 본 느낌을 친구와 이야기 나누자. 어떤 점이 좋았는지, 어려웠는지, 재미있었는지 어떤 점이 나빴는지, 같거나 다른 부분이 있었는지 말해 보자.
○ 찾아 쓴 핵심 내용에 각자 소제목을 달아 보자.
○ 다시 쓴 소제목으로 이야기를 써 보자.

4부 동화에 뼈대가 들어 있다고?

동화 쓰기 _ 기초 작업 총정리1

1. 제목

2. 등장인물 이름과 성격 정하기

등장인물 이름	성격
주인공 :	
등장인물1 :	
등장인물2 :	
등장인물3 :	

공부한 날   월   일

3. 뼈대 잡기 _ 사건 중심으로 간단하게 쓰기

소제목	일어난 일_사건
1.	
2.	
3.	
4.	

4. 내가 쓰는 이야기를 통해 꼭 하고 싶은 이야기(주제) 쓰기

4부 동화에 뼈대가 들어 있다고?

동화 쓰기 _ 기초 작업 총정리2

1. 제목

2. 글쓴이

3. 줄거리

공부한 날　　월　　일

4. 이야기 쓰기

원고지에 동화 쓰기

동화마다 원고 매수가 다른 것을 알고 있니?

원고지 쓰는 방법을 간단하게 알아보기로 하자.

먼저 동화 작품의 원고 양을 알아보자.

원고지는 200자로 된 한 장이 기본이야. 단편 동화는 200자 원고지

20~30매 정도야. 중편 동화는 원고지 150매 정도지.

150~200매 정도면 중학년 동화책이 될 수 있어.

고학년 장편 동화는 원고지 270매~320매 정도 분량이야.

원고지 300매를 쓰려면 엄청 힘들 것 같다고?

원고지 300매를 반드시 써야 장편동화가 되는 것은 아니야.

좀 더 넘을 수도 있고 조금 더 적을 수도 있어.

책을 읽는 어린이는 저학년, 중학년, 고학년으로 나누거나

저학년과 고학년으로 크게 나누기도 해.

그러니까 원고지 매수는 학년에 따라 대략 맞추는 것이지.

원고지 쓰는 법

1. 원고지 첫 장 맨 윗줄은 비워. 제목은 둘째 줄 가운데에 써. 셋째 줄에 학교 이름, 학년, 반을 쓰고, 넷째 줄에 글쓴이 이름을 쓰지. 다섯째 줄은 비우고, 여섯째 줄 첫 칸 비우고 쓰기 시작해.

2. 첫 칸을 비우는 것은 문단을 나누는 표시야. 문장이 끝나고 띄어쓰기 차례가 되어도 문단을 나눌 때가 아니면 원고지 첫 칸은 띄어쓰기를 하지 않아.

3. 온점(마침표), 반점(쉼표) 뒤에는 원고지 칸을 띄우지 않아. 물음표나 느낌표 뒤에는 한 칸 띄어 써.

	산	타	가		오	기	를		기	다	렸	다	.	하	지	만	
	산	타	가		오	기	를		기	다	렸	다	고	?		나	는

4. 숫자, 영어는 원고지 한 칸에 두 자씩을 쓰는 거야.

	20	25	년
	ko	re	a

5. 대화체를 쓸 때 따옴표 안에 들어가는 말은 첫 칸 띄우고 따옴표를 하고 내용이 다음 줄로 이어질 경우 따옴표 아래에 쓰지.

| | " | 산 | 타 | 가 | | 오 | 기 | 를 | | 기 | 다 | 리 | 는 | | 건 | | 선 | 물 | 을 |
| | 기 | 다 | 리 | 기 | | 때 | 문 | 이 | 야 | . | " | | | | | | | | |

6. 문장이 끝나고 마침표 부호만 남을 때는 다음 줄로 내려가지 않고 끝나는 글자 옆 빈 공간에 쓰는 거야.

7. 말줄임표는 한 칸에 점 3개씩 두 칸에 나눠 찍고 마침표는 둘째 칸 점 세 개 아래에 써.

| | 산 | 타 | 가 | | 오 | 기 | 를 | | 간 | 절 | 히 | … | …. | | | | | |

8. 대화체가 시작하는 여는 따옴표는 숫자 6(")처럼 항상 오른쪽 위에 쓰고 닫는 따옴표는 숫자 9(")처럼 써. 따옴표를 온점과 같이 쓸 때는 같은 칸 오른쪽 위에 쓰고 물음표와 같이 쓸 때는 다음 칸 왼쪽 위에 쓰지.

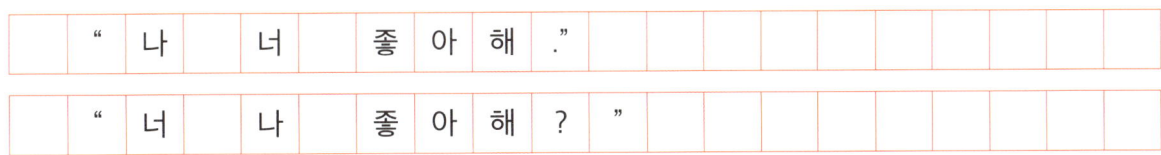

원고지에 '동시' 쓰는 법

시를 원고지에 쓸 때는 설명문과 조금 달라. 살펴보자.

1. 각 행(줄)마다 두 칸을 비워.
2. 한 행이 길어질 때는 다음 줄 한 칸을 비우고 써.
3. 한 연이 끝날 때는 다음 한 줄을 비운 뒤 그다음 줄을 다음 연을 쓰지.

		산	타	가		있	다	고		믿	고		싶	지	만		나	는		믿	어
	지	지	않	아	.																
		하	지	만		나	는		기	다	려										
		산	타	가		오	기	를		간	절	히	…	….							

원고지에 동시를 쓸 때도 문제없이 척척 해낼 수 있겠지?

모두 동화를 즐겁게 잘 쓸 수 있기를 기대할게. 다음에 만날 때까지 안녕!